Renate & Uwe H. Sültz

Bücher von A bis Z

Mein ehrliches bis zu 5 Sterne Notizbuch Tagebuch

Meine Daten:

Name:

AF175310

Adresse:

Telefon/Handy/Mailadresse:

BoD - Books on Demand
Norderstedt 2020

Bibliografische Information durch die Deutsche Nationalbibliothek
Die Deutsche Nationalbibliothek verzeichnet diese Publikation in der
Deutschen Nationalbibliografie; detaillierte bibliografische Daten
sind im Internet über http://dnb.dnb.de abrufbar.

Vorwort:
Alles lässt sich heute im Computer speichern. Wer gern noch mit einem Notizbuch und Füller oder Stift arbeitet, kann SÜLTZ BÜCHER Notizbücher und Tagebücher verwenden. In dieses Notizbuch sollten Bewertungen eingetragen und archiviert werden, die Du im Internet vergeben hast. ABER SEI BITTE EHRLICH UND FAIR! Kläre andere gut auf, ob sie, Deiner Meinung nach, ein gutes Produkt erwerben werden.

© 2020 Renate & Uwe H. Sültz
Herstellung und Verlag:
BoD – Books on Demand, Norderstedt
ISBN 9-78375-2-62145-7

Meine Bewertung hat erhalten _____

Internetadresse _____

Ich habe ⭐ ⭐ ⭐ ⭐ ⭐ Sterne vergeben,

Der Grund ist _____

_____

_____

_____

Es handelt sich um folgendes Produkt _____

_____

_____

_____

Positiv zu sagen ist _____

_____

_____

_____

Negativ zu sagen ist _____

_____

_____

_____

Kann ich das Produkt empfehlen? _____

Würde ich das Produkt wieder erwerben? _____

Individuelle Infos (Garantie, Handhabung, Service, Hersteller,
Erreichbarkeit, Daten, ...) _____

_____

_____

_____

_____

_____

_____

_____

Datum _____

Meine Bewertung hat erhalten _____

Internetadresse _____

Ich habe ★ ★ ★ ★ ★ Sterne vergeben,

Der Grund ist _____

_____

_____

_____

Es handelt sich um folgendes Produkt _____

_____

_____

Positiv zu sagen ist _____

_____

_____

_____

Negativ zu sagen ist _____

_____

_____

_____

Kann ich das Produkt empfehlen? _____

Würde ich das Produkt wieder erwerben? _____

Individuelle Infos (Garantie, Handhabung, Service, Hersteller,

Erreichbarkeit, Daten, ...) _____

_____

_____

_____

_____

_____

_____

_____

_____

_____

Datum _____

Meine Bewertung hat erhalten _____

Internetadresse _____

Ich habe ⭐ ⭐ ⭐ ⭐ ⭐ **Sterne vergeben,**

Der Grund ist _____

_____

_____

_____

Es handelt sich um folgendes Produkt _____

_____

_____

_____

Positiv zu sagen ist _____

_____

_____

_____

Negativ zu sagen ist _____

_____

_____

_____

Kann ich das Produkt empfehlen? _____

Würde ich das Produkt wieder erwerben? _____

Individuelle Infos (Garantie, Handhabung, Service, Hersteller, Erreichbarkeit, Daten, ...) _____

_____

_____

_____

_____

_____

_____

_____

_____

Datum _____

Meine Bewertung hat erhalten _____

Internetadresse _____

Ich habe ⭐ ⭐ ⭐ ⭐ ⭐ Sterne vergeben,

Der Grund ist _____

_____

_____

Es handelt sich um folgendes Produkt _____

_____

_____

Positiv zu sagen ist _____

_____

_____

Negativ zu sagen ist _____

_____

_____

Kann ich das Produkt empfehlen? _____

Würde ich das Produkt wieder erwerben? _____

Individuelle Infos (Garantie, Handhabung, Service, Hersteller,

Erreichbarkeit, Daten, ...) _____

_____

_____

_____

_____

_____

_____

_____

Datum _____

Meine Bewertung hat erhalten _____

Internetadresse _____

Ich habe ⭐ ⭐ ⭐ ⭐ ⭐ Sterne vergeben,

Der Grund ist _____

_____

_____

_____

Es handelt sich um folgendes Produkt _____

_____

_____

_____

Positiv zu sagen ist _____

_____

_____

_____

Negativ zu sagen ist _____

_____

_____

_____

Kann ich das Produkt empfehlen? _____

Würde ich das Produkt wieder erwerben? _____

Individuelle Infos (Garantie, Handhabung, Service, Hersteller,
Erreichbarkeit, Daten, ...) _____

_____

_____

_____

_____

_____

_____

_____

_____

_____

Datum _____

Meine Bewertung hat erhalten _____

Internetadresse _____

Ich habe ⭐ ⭐ ⭐ ⭐ ⭐ Sterne vergeben,

Der Grund ist _____

_____

_____

_____

Es handelt sich um folgendes Produkt _____

_____

_____

_____

Positiv zu sagen ist _____

_____

_____

_____

Negativ zu sagen ist _____

_____

_____

_____

Kann ich das Produkt empfehlen? _____

Würde ich das Produkt wieder erwerben? _____

Individuelle Infos (Garantie, Handhabung, Service, Hersteller,
Erreichbarkeit, Daten, ...) _____

_____

_____

_____

_____

_____

_____

_____

_____

_____

Datum _____

Meine Bewertung hat erhalten _____

Internetadresse _____

Ich habe ⭐ ⭐ ⭐ ⭐ ⭐ Sterne vergeben,

Der Grund ist _____

_____

_____

_____

Es handelt sich um folgendes Produkt _____

_____

_____

_____

Positiv zu sagen ist _____

_____

_____

_____

Negativ zu sagen ist _____

_____

_____

_____

Kann ich das Produkt empfehlen? _____

Würde ich das Produkt wieder erwerben? _____

Individuelle Infos (Garantie, Handhabung, Service, Hersteller,
Erreichbarkeit, Daten, ...) _____

_____

_____

_____

_____

_____

_____

_____

_____

_____

_____

Datum _____

Meine Bewertung hat erhalten _____

Internetadresse _____

Ich habe ⭐ ⭐ ⭐ ⭐ ⭐ Sterne vergeben,

Der Grund ist _____

_____

_____

_____

Es handelt sich um folgendes Produkt _____

_____

_____

Positiv zu sagen ist _____

_____

_____

_____

Negativ zu sagen ist _____

_____

_____

_____

Kann ich das Produkt empfehlen? _____

Würde ich das Produkt wieder erwerben? _____

Individuelle Infos (Garantie, Handhabung, Service, Hersteller, Erreichbarkeit, Daten, ...) _____

_____

_____

_____

_____

_____

_____

_____

_____

_____

_____

_____

Datum _____

Meine Bewertung hat erhalten _____

Internetadresse _____

Ich habe ⭐ ⭐ ⭐ ⭐ ⭐ Sterne vergeben,

Der Grund ist _____

_____

_____

_____

Es handelt sich um folgendes Produkt _____

_____

_____

_____

Positiv zu sagen ist _____

_____

_____

_____

Negativ zu sagen ist _____

_____

_____

_____

Kann ich das Produkt empfehlen? _____

Würde ich das Produkt wieder erwerben? _____

Individuelle Infos (Garantie, Handhabung, Service, Hersteller,
Erreichbarkeit, Daten, ...) _____

_____

_____

_____

_____

_____

_____

_____

_____

Datum _____

Meine Bewertung hat erhalten _____

Internetadresse _____

Ich habe ★ ★ ★ ★ ★ Sterne vergeben,

Der Grund ist _____

_____

_____

_____

Es handelt sich um folgendes Produkt _____

_____

_____

Positiv zu sagen ist _____

_____

_____

_____

Negativ zu sagen ist _____

_____

_____

_____

Kann ich das Produkt empfehlen? _____

Würde ich das Produkt wieder erwerben? _____

Individuelle Infos (Garantie, Handhabung, Service, Hersteller, Erreichbarkeit, Daten, ...) _____

_____

_____

_____

_____

_____

_____

_____

_____

_____

Datum _____

Meine Bewertung hat erhalten _____

Internetadresse _____

Ich habe ⭐ ⭐ ⭐ ⭐ ⭐ **Sterne vergeben,**

Der Grund ist _____

_____

_____

_____

Es handelt sich um folgendes Produkt _____

_____

_____

_____

Positiv zu sagen ist _____

_____

_____

_____

Negativ zu sagen ist _____

_____

_____

_____

Kann ich das Produkt empfehlen? _____

Würde ich das Produkt wieder erwerben? _____

Individuelle Infos (Garantie, Handhabung, Service, Hersteller, Erreichbarkeit, Daten, ...) _____

_____

_____

_____

_____

_____

_____

_____

_____

Datum _____

Meine Bewertung hat erhalten _____

Internetadresse _____

Ich habe ⭐ ⭐ ⭐ ⭐ ⭐ Sterne vergeben,

Der Grund ist _____

_____

_____

Es handelt sich um folgendes Produkt _____

_____

_____

Positiv zu sagen ist _____

_____

_____

Negativ zu sagen ist _____

_____

_____

Kann ich das Produkt empfehlen? _____

Würde ich das Produkt wieder erwerben? _____

Individuelle Infos (Garantie, Handhabung, Service, Hersteller, Erreichbarkeit, Daten, ...) _____

_____

_____

_____

_____

_____

_____

_____

_____

Datum _____

Meine Bewertung hat erhalten _____

Internetadresse _____

Ich habe ⭐ ⭐ ⭐ ⭐ ⭐ Sterne vergeben,

Der Grund ist _____

_____

_____

_____

Es handelt sich um folgendes Produkt _____

_____

_____

_____

Positiv zu sagen ist _____

_____

_____

_____

Negativ zu sagen ist _____

_____

_____

_____

Kann ich das Produkt empfehlen? _____

Würde ich das Produkt wieder erwerben? _____

Individuelle Infos (Garantie, Handhabung, Service, Hersteller,

Erreichbarkeit, Daten, ...) _____

_____

_____

_____

_____

_____

_____

_____

_____

_____

Datum _____

Meine Bewertung hat erhalten _____

Internetadresse _____

Ich habe ⭐ ⭐ ⭐ ⭐ ⭐ Sterne vergeben,

Der Grund ist _____

_____

_____

Es handelt sich um folgendes Produkt _____

_____

_____

Positiv zu sagen ist _____

_____

_____

Negativ zu sagen ist _____

_____

_____

Kann ich das Produkt empfehlen? _____

Würde ich das Produkt wieder erwerben? _____

Individuelle Infos (Garantie, Handhabung, Service, Hersteller,
Erreichbarkeit, Daten, ...) _____

_____

_____

_____

_____

_____

_____

_____

_____

Datum _____

Meine Bewertung hat erhalten _____

Internetadresse _____

Ich habe ★ ★ ★ ★ ★ Sterne vergeben,

Der Grund ist _____

_____

_____

_____

Es handelt sich um folgendes Produkt _____

_____

_____

_____

Positiv zu sagen ist _____

_____

_____

_____

Negativ zu sagen ist _____

_____

_____

_____

Kann ich das Produkt empfehlen? _____

Würde ich das Produkt wieder erwerben? _____

Individuelle Infos (Garantie, Handhabung, Service, Hersteller, Erreichbarkeit, Daten, ...) _____

_____

_____

_____

_____

_____

_____

_____

_____

_____

Datum _____

Meine Bewertung hat erhalten _____

Internetadresse _____

Ich habe ⭐ ⭐ ⭐ ⭐ ⭐ **Sterne vergeben,**

Der Grund ist _____

_____

_____

Es handelt sich um folgendes Produkt _____

_____

_____

Positiv zu sagen ist _____

_____

_____

Negativ zu sagen ist _____

_____

_____

Kann ich das Produkt empfehlen? _____

Würde ich das Produkt wieder erwerben? _____

Individuelle Infos (Garantie, Handhabung, Service, Hersteller, Erreichbarkeit, Daten, ...) _____

_____

_____

_____

_____

_____

_____

_____

_____

_____

Datum _____

Meine Bewertung hat erhalten _____

Internetadresse _____

Ich habe ⭐ ⭐ ⭐ ⭐ ⭐ Sterne vergeben,

Der Grund ist _____

_____

_____

_____

Es handelt sich um folgendes Produkt _____

_____

_____

Positiv zu sagen ist _____

_____

_____

_____

Negativ zu sagen ist _____

_____

_____

_____

Kann ich das Produkt empfehlen? _____

Würde ich das Produkt wieder erwerben? _____

Individuelle Infos (Garantie, Handhabung, Service, Hersteller, Erreichbarkeit, Daten, ...) _____

_____

_____

_____

_____

_____

_____

_____

_____

_____

Datum _____

Meine Bewertung hat erhalten _____

Internetadresse _____

Ich habe ⭐ ⭐ ⭐ ⭐ ⭐ Sterne vergeben,

Der Grund ist _____

_____

_____

Es handelt sich um folgendes Produkt _____

_____

_____

Positiv zu sagen ist _____

_____

_____

Negativ zu sagen ist _____

_____

_____

Kann ich das Produkt empfehlen? _____

Würde ich das Produkt wieder erwerben? _____

Individuelle Infos (Garantie, Handhabung, Service, Hersteller, Erreichbarkeit, Daten, ...) _____

_____

_____

_____

_____

_____

_____

_____

_____

Datum _____

Meine Bewertung hat erhalten _____

Internetadresse _____

Ich habe ★ ★ ★ ★ ★ Sterne vergeben,

Der Grund ist _____

_____

_____

_____

Es handelt sich um folgendes Produkt _____

_____

_____

Positiv zu sagen ist _____

_____

_____

_____

Negativ zu sagen ist _____

_____

_____

_____

Kann ich das Produkt empfehlen? _____

Würde ich das Produkt wieder erwerben? _____

Individuelle Infos (Garantie, Handhabung, Service, Hersteller, Erreichbarkeit, Daten, ...) _____

_____

_____

_____

_____

_____

_____

_____

_____

_____

Datum _____

Meine Bewertung hat erhalten _____

Internetadresse _____

Ich habe ★ ★ ★ ★ ★ Sterne vergeben,

Der Grund ist _____

_____

_____

Es handelt sich um folgendes Produkt _____

_____

_____

Positiv zu sagen ist _____

_____

_____

Negativ zu sagen ist _____

_____

_____

Kann ich das Produkt empfehlen? _____

Würde ich das Produkt wieder erwerben? _____

Individuelle Infos (Garantie, Handhabung, Service, Hersteller, Erreichbarkeit, Daten, ...) _____

_____

_____

_____

_____

_____

_____

_____

_____

Datum _____

Meine Bewertung hat erhalten _____

Internetadresse _____

Ich habe ★ ★ ★ ★ ★ Sterne vergeben,

Der Grund ist _____

_____

_____

_____

Es handelt sich um folgendes Produkt _____

_____

_____

Positiv zu sagen ist _____

_____

_____

_____

Negativ zu sagen ist _____

_____

_____

_____

Kann ich das Produkt empfehlen? _____

Würde ich das Produkt wieder erwerben? _____

Individuelle Infos (Garantie, Handhabung, Service, Hersteller,
Erreichbarkeit, Daten, ...) _____

_____

_____

_____

_____

_____

_____

_____

_____

_____

Datum _____

Meine Bewertung hat erhalten _____

Internetadresse _____

Ich habe ⭐ ⭐ ⭐ ⭐ ⭐ Sterne vergeben,

Der Grund ist _____

_____

_____

Es handelt sich um folgendes Produkt _____

_____

_____

Positiv zu sagen ist _____

_____

_____

Negativ zu sagen ist _____

_____

_____

Kann ich das Produkt empfehlen? _____

Würde ich das Produkt wieder erwerben? _____

Individuelle Infos (Garantie, Handhabung, Service, Hersteller, Erreichbarkeit, Daten, ...) _____

_____

_____

_____

_____

_____

_____

_____

_____

Datum _____

Meine Bewertung hat erhalten _____

Internetadresse _____

Ich habe ⭐ ⭐ ⭐ ⭐ ⭐ Sterne vergeben,

Der Grund ist _____

_____

_____

_____

Es handelt sich um folgendes Produkt _____

_____

_____

_____

Positiv zu sagen ist _____

_____

_____

_____

Negativ zu sagen ist _____

_____

_____

_____

Kann ich das Produkt empfehlen? _____

Würde ich das Produkt wieder erwerben? _____

Individuelle Infos (Garantie, Handhabung, Service, Hersteller,
Erreichbarkeit, Daten, ...) _____

_____

_____

_____

_____

_____

_____

_____

_____

_____

Datum _____

Meine Bewertung hat erhalten _____

Internetadresse _____

Ich habe ★ ★ ★ ★ ★ Sterne vergeben,

Der Grund ist _____

_____

_____

_____

Es handelt sich um folgendes Produkt _____

_____

_____

_____

Positiv zu sagen ist _____

_____

_____

_____

Negativ zu sagen ist _____

_____

_____

_____

Kann ich das Produkt empfehlen? _____

Würde ich das Produkt wieder erwerben? _____

Individuelle Infos (Garantie, Handhabung, Service, Hersteller,

Erreichbarkeit, Daten, ...) _____

_____

_____

_____

_____

_____

_____

_____

_____

Datum _____

Meine Bewertung hat erhalten _____

Internetadresse _____

Ich habe ★ ★ ★ ★ ★ Sterne vergeben,

Der Grund ist _____

_____

_____

_____

Es handelt sich um folgendes Produkt _____

_____

_____

_____

Positiv zu sagen ist _____

_____

_____

_____

Negativ zu sagen ist _____

_____

_____

_____

Kann ich das Produkt empfehlen? _____

Würde ich das Produkt wieder erwerben? _____

Individuelle Infos (Garantie, Handhabung, Service, Hersteller,

Erreichbarkeit, Daten, ...) _____

_____

_____

_____

_____

_____

_____

_____

_____

_____

Datum _____

Meine Bewertung hat erhalten _____

Internetadresse _____

Ich habe ★ ★ ★ ★ ★ Sterne vergeben,

Der Grund ist _____

_____

_____

_____

Es handelt sich um folgendes Produkt _____

_____

_____

Positiv zu sagen ist _____

_____

_____

_____

Negativ zu sagen ist _____

_____

_____

_____

Kann ich das Produkt empfehlen? _____

Würde ich das Produkt wieder erwerben? _____

Individuelle Infos (Garantie, Handhabung, Service, Hersteller,

Erreichbarkeit, Daten, ...) _____

_____

_____

_____

_____

_____

_____

_____

_____

_____

Datum _____

Meine Bewertung hat erhalten _____

Internetadresse _____

Ich habe ⭐ ⭐ ⭐ ⭐ ⭐ Sterne vergeben,

Der Grund ist _____

_____

_____

_____

Es handelt sich um folgendes Produkt _____

_____

_____

_____

Positiv zu sagen ist _____

_____

_____

_____

Negativ zu sagen ist _____

_____

_____

_____

Kann ich das Produkt empfehlen? _____

Würde ich das Produkt wieder erwerben? _____

Individuelle Infos (Garantie, Handhabung, Service, Hersteller,
Erreichbarkeit, Daten, ...) _____

_____

_____

_____

_____

_____

_____

_____

_____

Datum _____

Meine Bewertung hat erhalten _____

Internetadresse _____

Ich habe ★ ★ ★ ★ ★ Sterne vergeben,

Der Grund ist _____

_____

_____

_____

Es handelt sich um folgendes Produkt _____

_____

_____

_____

Positiv zu sagen ist _____

_____

_____

_____

Negativ zu sagen ist _____

_____

_____

_____

Kann ich das Produkt empfehlen? _____

Würde ich das Produkt wieder erwerben? _____

Individuelle Infos (Garantie, Handhabung, Service, Hersteller,
Erreichbarkeit, Daten, ...) _____

_____

_____

_____

_____

_____

_____

_____

_____

_____

_____

Datum _____

Meine Bewertung hat erhalten _____

Internetadresse _____

Ich habe ★ ★ ★ ★ ★ Sterne vergeben,

Der Grund ist _____

_____

_____

_____

Es handelt sich um folgendes Produkt _____

_____

_____

_____

Positiv zu sagen ist _____

_____

_____

_____

Negativ zu sagen ist _____

_____

_____

_____

Kann ich das Produkt empfehlen? _____

Würde ich das Produkt wieder erwerben? _____

Individuelle Infos (Garantie, Handhabung, Service, Hersteller,
Erreichbarkeit, Daten, ...) _____

_____

_____

_____

_____

_____

_____

_____

_____

_____

Datum _____

Meine Bewertung hat erhalten _____

Internetadresse _____

Ich habe ⭐ ⭐ ⭐ ⭐ ⭐ Sterne vergeben,

Der Grund ist _____

_____

_____

Es handelt sich um folgendes Produkt _____

_____

_____

Positiv zu sagen ist _____

_____

_____

Negativ zu sagen ist _____

_____

_____

Kann ich das Produkt empfehlen? _____

Würde ich das Produkt wieder erwerben? _____

Individuelle Infos (Garantie, Handhabung, Service, Hersteller,
Erreichbarkeit, Daten, ...) _____

_____

_____

_____

_____

_____

_____

_____

_____

_____

Datum _____

Meine Bewertung hat erhalten _____

Internetadresse _____

Ich habe ⭐ ⭐ ⭐ ⭐ ⭐ **Sterne vergeben,**

Der Grund ist _____

_____

_____

_____

Es handelt sich um folgendes Produkt _____

_____

_____

Positiv zu sagen ist _____

_____

_____

_____

Negativ zu sagen ist _____

_____

_____

_____

Kann ich das Produkt empfehlen? _____

Würde ich das Produkt wieder erwerben? _____

Individuelle Infos (Garantie, Handhabung, Service, Hersteller,

Erreichbarkeit, Daten, ...) _____

_____

_____

_____

_____

_____

_____

_____

_____

_____

Datum _____

Meine Bewertung hat erhalten _____

Internetadresse _____

Ich habe ⭐ ⭐ ⭐ ⭐ ⭐ Sterne vergeben,

Der Grund ist _____

_____

_____

_____

Es handelt sich um folgendes Produkt _____

_____

_____

_____

Positiv zu sagen ist _____

_____

_____

_____

Negativ zu sagen ist _____

_____

_____

_____

Kann ich das Produkt empfehlen? _____

Würde ich das Produkt wieder erwerben? _____

Individuelle Infos (Garantie, Handhabung, Service, Hersteller,
Erreichbarkeit, Daten, ...) _____

_____

_____

_____

_____

_____

_____

_____

_____

_____

Datum _____

Meine Bewertung hat erhalten _____

Internetadresse _____

Ich habe ⭐ ⭐ ⭐ ⭐ ⭐ Sterne vergeben,

Der Grund ist _____

_____

_____

_____

Es handelt sich um folgendes Produkt _____

_____

_____

Positiv zu sagen ist _____

_____

_____

_____

Negativ zu sagen ist _____

_____

_____

_____

Kann ich das Produkt empfehlen? _____

Würde ich das Produkt wieder erwerben? _____

Individuelle Infos (Garantie, Handhabung, Service, Hersteller, Erreichbarkeit, Daten, ...) _____

_____

_____

_____

_____

_____

_____

_____

_____

Datum _____

Meine Bewertung hat erhalten _____

Internetadresse _____

Ich habe ⭐ ⭐ ⭐ ⭐ ⭐ Sterne vergeben,

Der Grund ist _____

_____

_____

Es handelt sich um folgendes Produkt _____

_____

_____

Positiv zu sagen ist _____

_____

_____

Negativ zu sagen ist _____

_____

_____

Kann ich das Produkt empfehlen? _____

Würde ich das Produkt wieder erwerben? _____

Individuelle Infos (Garantie, Handhabung, Service, Hersteller,
Erreichbarkeit, Daten, ...) _____

_____

_____

_____

_____

_____

_____

_____

_____

Datum _____

Meine Bewertung hat erhalten _____

Internetadresse _____

Ich habe ★ ★ ★ ★ ★ Sterne vergeben,

Der Grund ist _____
_____
_____
_____

Es handelt sich um folgendes Produkt _____
_____
_____

Positiv zu sagen ist _____
_____
_____
_____

Negativ zu sagen ist _____
_____
_____
_____

Kann ich das Produkt empfehlen? _____

Würde ich das Produkt wieder erwerben? _____

Individuelle Infos (Garantie, Handhabung, Service, Hersteller, Erreichbarkeit, Daten, ...) _____
_____
_____
_____
_____
_____
_____
_____
_____

Datum _____

Meine Bewertung hat erhalten _____

Internetadresse _____

Ich habe ⭐ ⭐ ⭐ ⭐ ⭐ Sterne vergeben,

Der Grund ist _____

_____

_____

Es handelt sich um folgendes Produkt _____

_____

_____

Positiv zu sagen ist _____

_____

_____

_____

Negativ zu sagen ist _____

_____

_____

_____

Kann ich das Produkt empfehlen? _____

Würde ich das Produkt wieder erwerben? _____

Individuelle Infos (Garantie, Handhabung, Service, Hersteller, Erreichbarkeit, Daten, ...) _____

_____

_____

_____

_____

_____

_____

_____

_____

Datum _____

Meine Bewertung hat erhalten _____

Internetadresse _____

Ich habe ★ ★ ★ ★ ★ Sterne vergeben,

Der Grund ist _____

_____

_____

_____

Es handelt sich um folgendes Produkt _____

_____

_____

Positiv zu sagen ist _____

_____

_____

_____

Negativ zu sagen ist _____

_____

_____

_____

Kann ich das Produkt empfehlen? _____

Würde ich das Produkt wieder erwerben? _____

Individuelle Infos (Garantie, Handhabung, Service, Hersteller,

Erreichbarkeit, Daten, ...) _____

_____

_____

_____

_____

_____

_____

_____

_____

_____

Datum _____

Meine Bewertung hat erhalten _____

Internetadresse _____

Ich habe ⭐ ⭐ ⭐ ⭐ ⭐ **Sterne vergeben,**

Der Grund ist _____

_____

_____

_____

Es handelt sich um folgendes Produkt _____

_____

_____

Positiv zu sagen ist _____

_____

_____

_____

Negativ zu sagen ist _____

_____

_____

_____

Kann ich das Produkt empfehlen? _____

Würde ich das Produkt wieder erwerben? _____

Individuelle Infos (Garantie, Handhabung, Service, Hersteller,

Erreichbarkeit, Daten, ...) _____

_____

_____

_____

_____

_____

_____

_____

_____

Datum _____

Meine Bewertung hat erhalten _____

Internetadresse _____

Ich habe ☆ ☆ ☆ ☆ ☆ Sterne vergeben,

Der Grund ist _____

_____

_____

_____

Es handelt sich um folgendes Produkt _____

_____

_____

_____

Positiv zu sagen ist _____

_____

_____

_____

Negativ zu sagen ist _____

_____

_____

_____

Kann ich das Produkt empfehlen? _____

Würde ich das Produkt wieder erwerben? _____

Individuelle Infos (Garantie, Handhabung, Service, Hersteller,
Erreichbarkeit, Daten, ...) _____

_____

_____

_____

_____

_____

_____

_____

_____

Datum _____

Meine Bewertung hat erhalten _____

Internetadresse _____

Ich habe ⭐ ⭐ ⭐ ⭐ ⭐ Sterne vergeben,

Der Grund ist _____

_____

_____

Es handelt sich um folgendes Produkt _____

_____

_____

Positiv zu sagen ist _____

_____

_____

Negativ zu sagen ist _____

_____

_____

Kann ich das Produkt empfehlen? _____

Würde ich das Produkt wieder erwerben? _____

Individuelle Infos (Garantie, Handhabung, Service, Hersteller, Erreichbarkeit, Daten, ...) _____

_____

_____

_____

_____

_____

_____

_____

Datum _____

Meine Bewertung hat erhalten _____

Internetadresse _____

Ich habe ⭐ ⭐ ⭐ ⭐ ⭐ Sterne vergeben,

Der Grund ist _____

_____

_____

_____

Es handelt sich um folgendes Produkt _____

_____

_____

Positiv zu sagen ist _____

_____

_____

_____

Negativ zu sagen ist _____

_____

_____

_____

Kann ich das Produkt empfehlen? _____

Würde ich das Produkt wieder erwerben? _____

Individuelle Infos (Garantie, Handhabung, Service, Hersteller,

Erreichbarkeit, Daten, ...) _____

_____

_____

_____

_____

_____

_____

_____

_____

_____

Datum _____

Meine Bewertung hat erhalten _____

Internetadresse _____

Ich habe ★ ★ ★ ★ ★ Sterne vergeben,

Der Grund ist _____

_____

_____

_____

Es handelt sich um folgendes Produkt _____

_____

_____

Positiv zu sagen ist _____

_____

_____

Negativ zu sagen ist _____

_____

_____

Kann ich das Produkt empfehlen? _____

Würde ich das Produkt wieder erwerben? _____

Individuelle Infos (Garantie, Handhabung, Service, Hersteller, Erreichbarkeit, Daten, ...) _____

_____

_____

_____

_____

_____

_____

_____

_____

Datum _____

Meine Bewertung hat erhalten _____

Internetadresse _____

Ich habe ☆ ☆ ☆ ☆ ☆ Sterne vergeben,

Der Grund ist _____

_____

_____

_____

Es handelt sich um folgendes Produkt _____

_____

_____

Positiv zu sagen ist _____

_____

_____

Negativ zu sagen ist _____

_____

_____

_____

Kann ich das Produkt empfehlen? _____

Würde ich das Produkt wieder erwerben? _____

Individuelle Infos (Garantie, Handhabung, Service, Hersteller,
Erreichbarkeit, Daten, ...) _____

_____

_____

_____

_____

_____

_____

_____

_____

Datum _____

Meine Bewertung hat erhalten _____

Internetadresse _____

Ich habe ★ ★ ★ ★ ★ Sterne vergeben,

Der Grund ist _____

_____

_____

_____

Es handelt sich um folgendes Produkt _____

_____

_____

_____

Positiv zu sagen ist _____

_____

_____

_____

Negativ zu sagen ist _____

_____

_____

_____

Kann ich das Produkt empfehlen? _____

Würde ich das Produkt wieder erwerben? _____

Individuelle Infos (Garantie, Handhabung, Service, Hersteller,
Erreichbarkeit, Daten, ...) _____

_____

_____

_____

_____

_____

_____

_____

_____

_____

_____

Datum _____

Meine Bewertung hat erhalten _____

Internetadresse _____

Ich habe ⭐ ⭐ ⭐ ⭐ ⭐ Sterne vergeben,

Der Grund ist _____

_____

_____

_____

Es handelt sich um folgendes Produkt _____

_____

_____

_____

Positiv zu sagen ist _____

_____

_____

_____

Negativ zu sagen ist _____

_____

_____

_____

Kann ich das Produkt empfehlen? _____

Würde ich das Produkt wieder erwerben? _____

Individuelle Infos (Garantie, Handhabung, Service, Hersteller, Erreichbarkeit, Daten, ...) _____

_____

_____

_____

_____

_____

_____

_____

_____

_____

Datum _____

Meine Bewertung hat erhalten _____

Internetadresse _____

Ich habe ⭐ ⭐ ⭐ ⭐ ⭐ Sterne vergeben,

Der Grund ist _____

_____

_____

_____

Es handelt sich um folgendes Produkt _____

_____

_____

_____

Positiv zu sagen ist _____

_____

_____

_____

Negativ zu sagen ist _____

_____

_____

_____

Kann ich das Produkt empfehlen? _____

Würde ich das Produkt wieder erwerben? _____

Individuelle Infos (Garantie, Handhabung, Service, Hersteller,

Erreichbarkeit, Daten, ...) _____

_____

_____

_____

_____

_____

_____

_____

_____

Datum _____

Meine Bewertung hat erhalten _____

Internetadresse _____

Ich habe ⭐ ⭐ ⭐ ⭐ ⭐ Sterne vergeben,

Der Grund ist _____

_____

_____

_____

Es handelt sich um folgendes Produkt _____

_____

_____

Positiv zu sagen ist _____

_____

_____

_____

Negativ zu sagen ist _____

_____

_____

_____

Kann ich das Produkt empfehlen? _____

Würde ich das Produkt wieder erwerben? _____

Individuelle Infos (Garantie, Handhabung, Service, Hersteller,
Erreichbarkeit, Daten, ...) _____

_____

_____

_____

_____

_____

_____

_____

_____

Datum _____

Meine Bewertung hat erhalten _____

Internetadresse _____

Ich habe ⭐ ⭐ ⭐ ⭐ ⭐ Sterne vergeben,

Der Grund ist _____

_____

_____

Es handelt sich um folgendes Produkt _____

_____

_____

Positiv zu sagen ist _____

_____

_____

_____

Negativ zu sagen ist _____

_____

_____

_____

Kann ich das Produkt empfehlen? _____

Würde ich das Produkt wieder erwerben? _____

Individuelle Infos (Garantie, Handhabung, Service, Hersteller,
Erreichbarkeit, Daten, ...) _____

_____

_____

_____

_____

_____

_____

_____

_____

_____

Datum _____

Meine Bewertung hat erhalten _____

Internetadresse _____

Ich habe ⭐ ⭐ ⭐ ⭐ ⭐ Sterne vergeben,

Der Grund ist _____

_____

_____

_____

Es handelt sich um folgendes Produkt _____

_____

_____

Positiv zu sagen ist _____

_____

_____

_____

Negativ zu sagen ist _____

_____

_____

_____

Kann ich das Produkt empfehlen? _____

Würde ich das Produkt wieder erwerben? _____

Individuelle Infos (Garantie, Handhabung, Service, Hersteller,
Erreichbarkeit, Daten, ...) _____

_____

_____

_____

_____

_____

_____

_____

_____

_____

Datum _____

Meine Bewertung hat erhalten _____

Internetadresse _____

Ich habe ⭐ ⭐ ⭐ ⭐ ⭐ Sterne vergeben,

Der Grund ist _____

_____

_____

Es handelt sich um folgendes Produkt _____

_____

_____

Positiv zu sagen ist _____

_____

_____

Negativ zu sagen ist _____

_____

_____

Kann ich das Produkt empfehlen? _____

Würde ich das Produkt wieder erwerben? _____

Individuelle Infos (Garantie, Handhabung, Service, Hersteller,
Erreichbarkeit, Daten, ...) _____

_____

_____

_____

_____

_____

_____

_____

Datum _____

Meine Bewertung hat erhalten _____

Internetadresse _____

Ich habe ☆ ☆ ☆ ☆ ☆ Sterne vergeben,

Der Grund ist _____
_____
_____
_____

Es handelt sich um folgendes Produkt _____
_____
_____
_____

Positiv zu sagen ist _____
_____
_____
_____

Negativ zu sagen ist _____
_____
_____
_____

Kann ich das Produkt empfehlen? _____

Würde ich das Produkt wieder erwerben? _____

Individuelle Infos (Garantie, Handhabung, Service, Hersteller,
Erreichbarkeit, Daten, ...) _____
_____
_____
_____
_____
_____
_____
_____
_____

Datum _____

Meine Bewertung hat erhalten _____

Internetadresse _____

Ich habe ⭐ ⭐ ⭐ ⭐ ⭐ Sterne vergeben,

Der Grund ist _____

_____

_____

_____

Es handelt sich um folgendes Produkt _____

_____

_____

_____

Positiv zu sagen ist _____

_____

_____

_____

Negativ zu sagen ist _____

_____

_____

_____

Kann ich das Produkt empfehlen? _____

Würde ich das Produkt wieder erwerben? _____

Individuelle Infos (Garantie, Handhabung, Service, Hersteller,

Erreichbarkeit, Daten, ...) _____

_____

_____

_____

_____

_____

_____

_____

Datum _____

Meine Bewertung hat erhalten _____

Internetadresse _____

Ich habe ⭐ ⭐ ⭐ ⭐ ⭐ Sterne vergeben,

Der Grund ist _____

_____

_____

_____

Es handelt sich um folgendes Produkt _____

_____

_____

_____

Positiv zu sagen ist _____

_____

_____

_____

Negativ zu sagen ist _____

_____

_____

_____

Kann ich das Produkt empfehlen? _____

Würde ich das Produkt wieder erwerben? _____

Individuelle Infos (Garantie, Handhabung, Service, Hersteller,
Erreichbarkeit, Daten, ...) _____

_____

_____

_____

_____

_____

_____

_____

_____

_____

_____

Datum _____

Meine Bewertung hat erhalten _____

Internetadresse _____

Ich habe ★ ★ ★ ★ ★ Sterne vergeben,

Der Grund ist _____

_____

_____

_____

Es handelt sich um folgendes Produkt _____

_____

_____

_____

Positiv zu sagen ist _____

_____

_____

_____

Negativ zu sagen ist _____

_____

_____

_____

Kann ich das Produkt empfehlen? _____

Würde ich das Produkt wieder erwerben? _____

Individuelle Infos (Garantie, Handhabung, Service, Hersteller,

Erreichbarkeit, Daten, ...) _____

_____

_____

_____

_____

_____

_____

_____

_____

Datum _____

Meine Bewertung hat erhalten _____

Internetadresse _____

Ich habe ⭐ ⭐ ⭐ ⭐ ⭐ Sterne vergeben,

Der Grund ist _____

_____

_____

_____

Es handelt sich um folgendes Produkt _____

_____

_____

Positiv zu sagen ist _____

_____

_____

Negativ zu sagen ist _____

_____

_____

Kann ich das Produkt empfehlen? _____

Würde ich das Produkt wieder erwerben? _____

Individuelle Infos (Garantie, Handhabung, Service, Hersteller,
Erreichbarkeit, Daten, ...) _____

_____

_____

_____

_____

_____

_____

_____

_____

Datum _____

Meine Bewertung hat erhalten _____

Internetadresse _____

Ich habe ⭐ ⭐ ⭐ ⭐ ⭐ Sterne vergeben,

Der Grund ist _____

_____

_____

Es handelt sich um folgendes Produkt _____

_____

_____

Positiv zu sagen ist _____

_____

_____

Negativ zu sagen ist _____

_____

_____

Kann ich das Produkt empfehlen? _____

Würde ich das Produkt wieder erwerben? _____

Individuelle Infos (Garantie, Handhabung, Service, Hersteller,
Erreichbarkeit, Daten, ...) _____

_____

_____

_____

_____

_____

_____

_____

Datum _____

Meine Bewertung hat erhalten _____

Internetadresse _____

Ich habe ⭐ ⭐ ⭐ ⭐ ⭐ **Sterne vergeben,**

Der Grund ist _____

_____

_____

_____

Es handelt sich um folgendes Produkt _____

_____

_____

Positiv zu sagen ist _____

_____

_____

_____

Negativ zu sagen ist _____

_____

_____

_____

Kann ich das Produkt empfehlen? _____

Würde ich das Produkt wieder erwerben? _____

Individuelle Infos (Garantie, Handhabung, Service, Hersteller, Erreichbarkeit, Daten, ...) _____

_____

_____

_____

_____

_____

_____

_____

_____

_____

Datum _____

Meine Bewertung hat erhalten _____

Internetadresse _____

Ich habe ⭐ ⭐ ⭐ ⭐ ⭐ Sterne vergeben,

Der Grund ist _____

_____

_____

Es handelt sich um folgendes Produkt _____

_____

_____

Positiv zu sagen ist _____

_____

_____

Negativ zu sagen ist _____

_____

_____

Kann ich das Produkt empfehlen? _____

Würde ich das Produkt wieder erwerben? _____

Individuelle Infos (Garantie, Handhabung, Service, Hersteller, Erreichbarkeit, Daten, ...) _____

_____

_____

_____

_____

_____

_____

_____

_____

Datum _____